Impressum
Verlag: BABADADA GmbH, Nedderfeld 112 , 22529 Hamburg
Geschäftsführer / Verlagsleitung: Harald Hof
Druck: Books on Demand GmbH, In de Tarpen 42, 22848 Norderstedt

Imprint
Publisher: BABADADA GmbH, Nedderfeld 112 , 22529 Hamburg, Germany
Managing Director / Publishing direction: Harald Hof
Print: Books on Demand GmbH, In de Tarpen 42, 22848 Norderstedt

l'école
学校

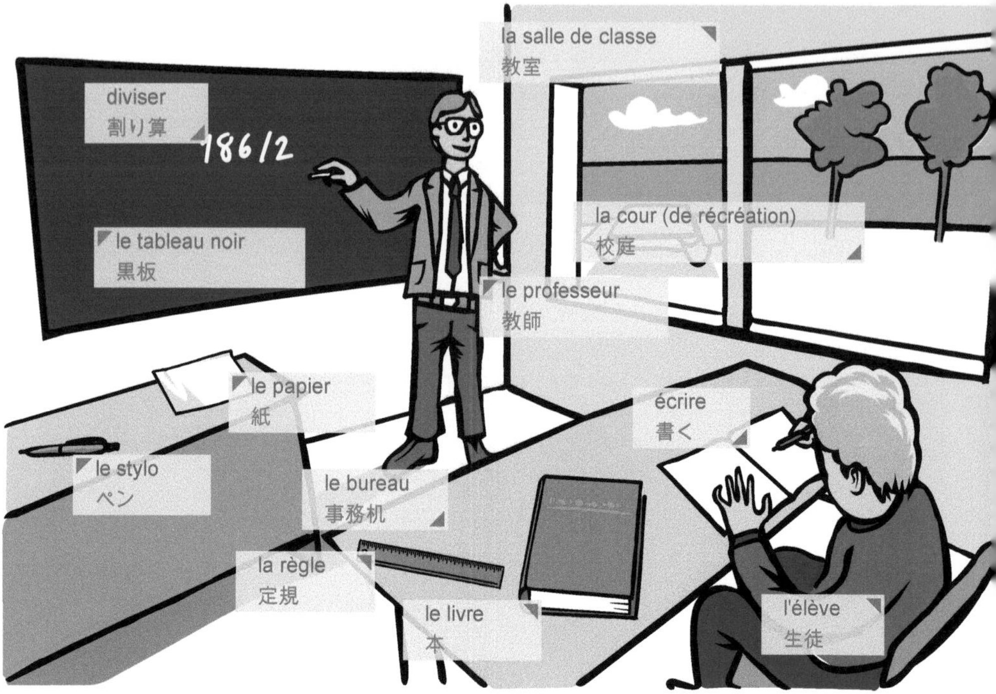
la salle de classe
教室
diviser
割り算
186/2
la cour (de récréation)
校庭
le tableau noir
黒板
le professeur
教師
le papier
紙
écrire
書く
le stylo
ペン
le bureau
事務机
la règle
定規
le livre
本
l'élève
生徒

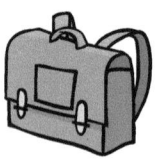

le cartable
ランドセル

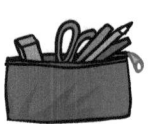

la trousse
筆入れ

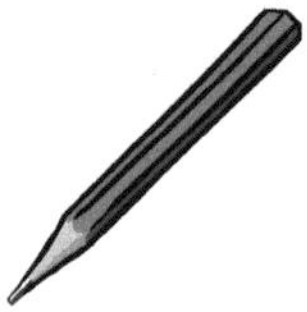

le crayon
鉛筆

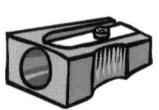

le taille-crayon
鉛筆削り

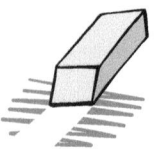

la gomme
消しゴム

le carnet à dessin
スケッチブック

le dessin

スケッチ

le pinceau

絵筆

la boîte de peinture

絵の具箱

les ciseaux

はさみ

la colle

接着剤

le cahier d'exercices

練習帳

les devoirs

宿題

le chiffre

数

additionner

足し算

soustraire

引き算

multiplier

かけ算

calculer

計算する

la lettre

文字

l'alphabet

アルファベット

le mot

単語

le texte

テキスト

lire

読む

la craie

チョーク

la leçon

授業

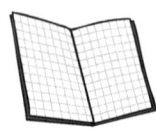

le livre de classe

学級日誌

l'examen

試験

le certificat

通知表

l'uniforme scolaire

制服

la formation

教育

le lexique

百科事典

l'université

大学

le microscope

顕微鏡

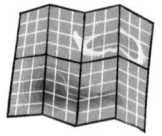

la carte

地図

la corbeille à papier

ごみ箱

le voyage
旅行

l'hôtel
ホテル
Grand
l'auberge
ホステル
ROOMS
le bureau de change
両替所
CHANGE
la valise
スーツケース
la voiture
自動車

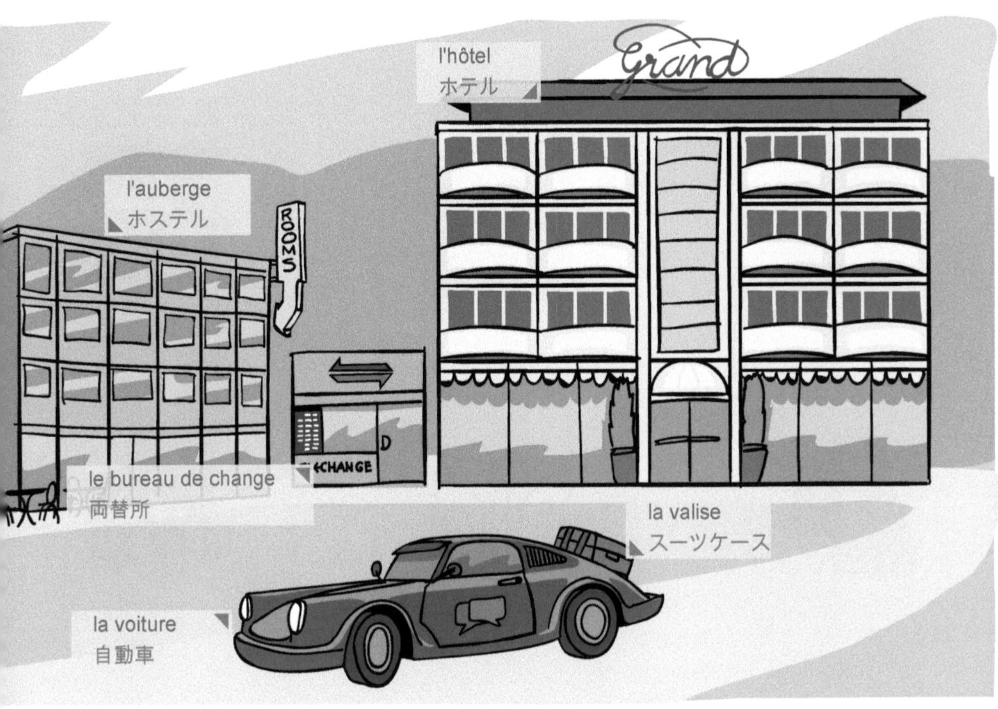

la langue
言語

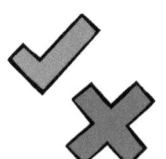

oui / non
はい / いいえ

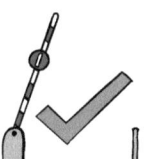

d'accord
問題ない

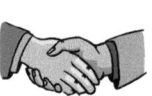

Salut
ハロー

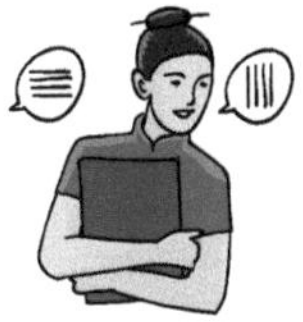

l'interprète
翻訳者

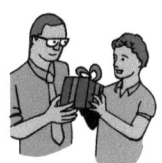

merci
ありがとう

Combien coûte...?

...はいくらですか？

Je ne comprends pas

わかりません

le problème

問題

Bonsoir !

こんばんは！

Bonjour !

おはようございます！

Bonne nuit !

おやすみなさい！

Au revoir

さようなら

la direction

方向

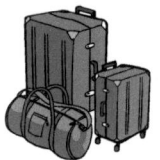

les bagages

手荷物

le sac

バッグ

le sac-à-dos

リュックサック

l'hôte

お客様

la pièce

部屋

le sac de couchage

寝袋

la tente

テント

l'office de tourisme

旅行者情報

la plage

ビーチ

la carte de crédit

クレジットカード

le petit-déjeuner

朝食

le déjeuner

昼食

le dîner

夕食

le billet

チケット

l'ascenseur

エレベーター

le timbre

スタンプ

la frontière

境界

la douane

税関

l'ambassade

大使館

le visa

ビザ

le passeport

パスポート

le transport
輸送

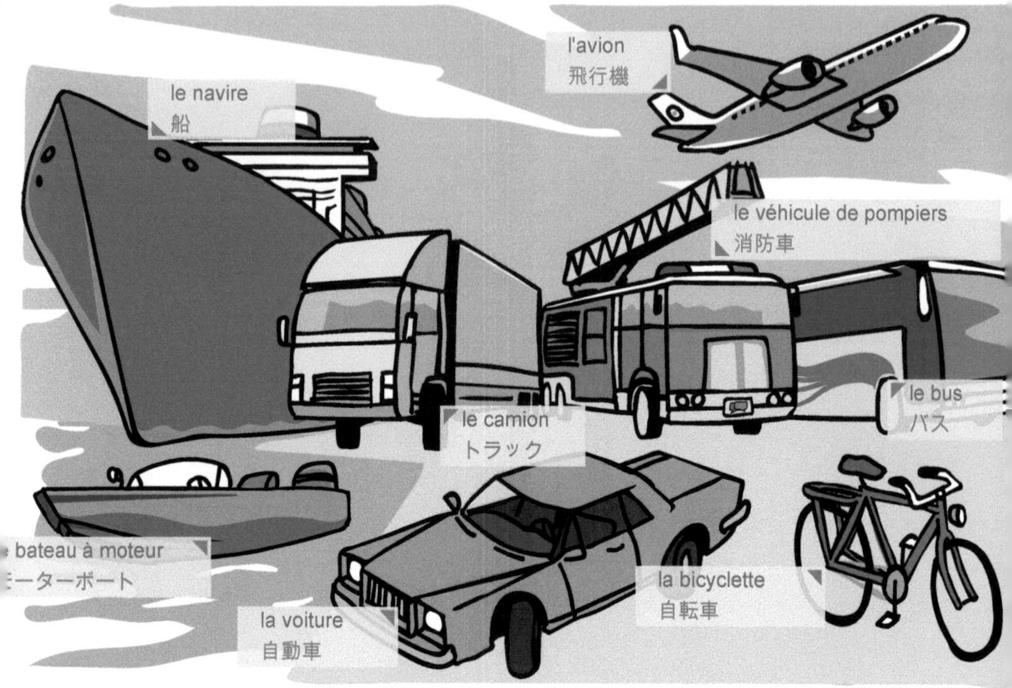
l'avion
飛行機
le navire
船
le véhicule de pompiers
消防車
le bus
バス
le camion
トラック
bateau à moteur
ーターボート
la bicyclette
自転車
la voiture
自動車

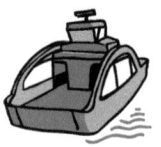

le ferry

フェリー

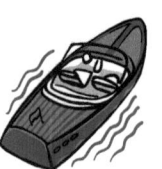

la barque

ボート

la moto

バイク

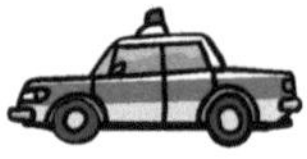

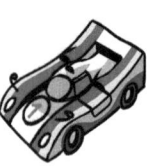

la voiture de police

パトカー

la voiture de course

レーシングカー

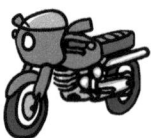

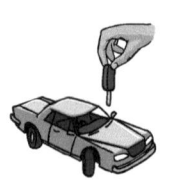

la voiture de location

レンタカー

l'auto-partage

カーシェアリング

la voiture de remorquage

レッカー車

la benne à ordures

ごみ収集車

le moteur

モーター

l'essence

燃料

la station d'essence

ガソリンスタンド

le panneau indicateur

交通標識

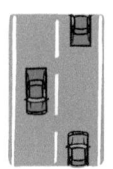

le trafic

交通

l'embouteillage

渋滞

le parking

駐車場

la gare

駅

les rails

道

le train

列車

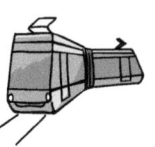

le tramway

路面電車

le wagon

車両

l'hélicoptère

ヘリコプター

l'aéroport

空港

la tour

タワー

le passager

乗客

le conteneur

コンテナ

le carton

段ボール箱

le chariot

カート

la corbeille

カゴ

décoller / atterrir

離陸 / 着陸

la ville

都市

le village

村

le centre-ville

都心

la maison

家

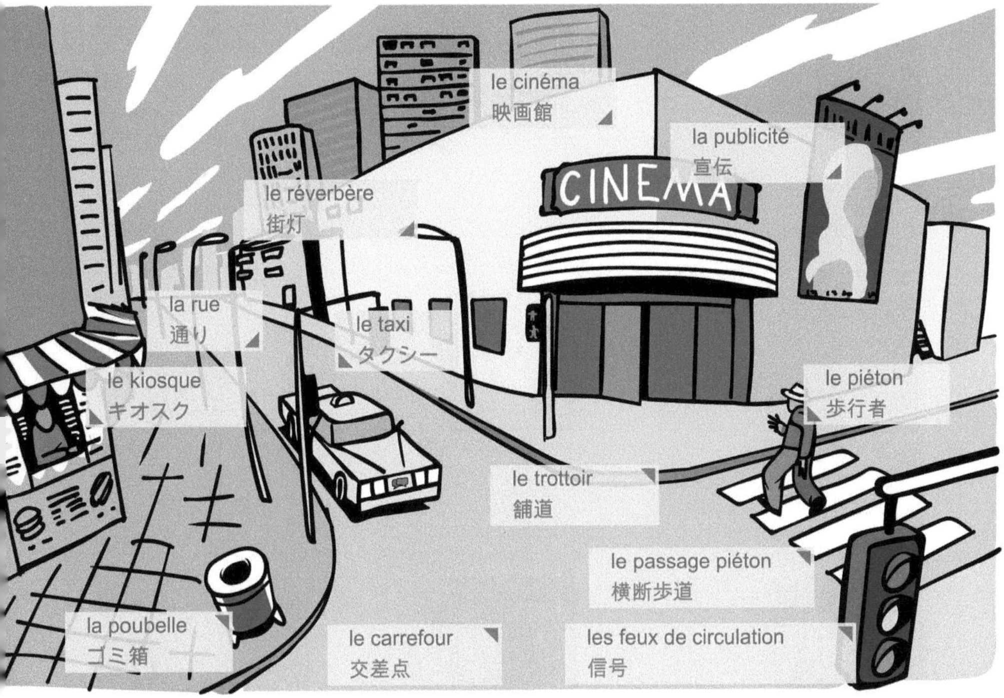
le cinéma
映画館
la publicité
宣伝
CINEMA
le réverbère
街灯
la rue
通り
le taxi
タクシー
le kiosque
キオスク
le piéton
歩行者
le trottoir
舗道
le passage piéton
横断歩道
la poubelle
ゴミ箱
le carrefour
交差点
les feux de circulation
信号

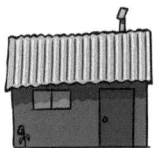

la cabane
小屋

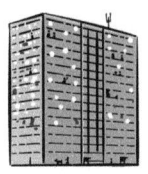

l'appartement
アパート

la gare
駅

la mairie
市役所

MUSEUM

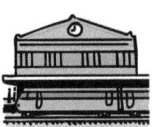

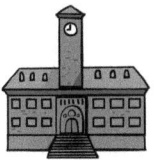

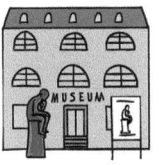

le musée
美術館

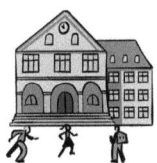

l'école
学校

l'université

大学

la banque

銀行

l'hôpital

病院

l'hôtel

ホテル

la pharmacie

薬局

le bureau

オフィス

la librairie

書店

le magasin

ショップ

le fleuriste

花屋

le supermarché

スーパーマーケット

le marché

市場

le grand magasin

デパート

la poissonnerie

魚屋

le centre commercial

ショッピングセンター

le port

港

le parc

公園

la banque

ベンチ

le pont

橋

les escaliers

階段

le métro

地下鉄

le tunnel

トンネル

l'arrêt de bus

バス停

le bar

バー

le restaurant

レストラン

la boîte à lettres

ポスト

le panneau indicateur

道路標識

le parcmètre

パーキングメーター

le zoo

動物園

le réverbère

スイミングプール

la mosquée

モスク

la ferme

農場

la pollution

汚染

la cimetière

墓地

l'église

教会

l'aire de jeux

遊び場

le temple

寺

le paysage

風景

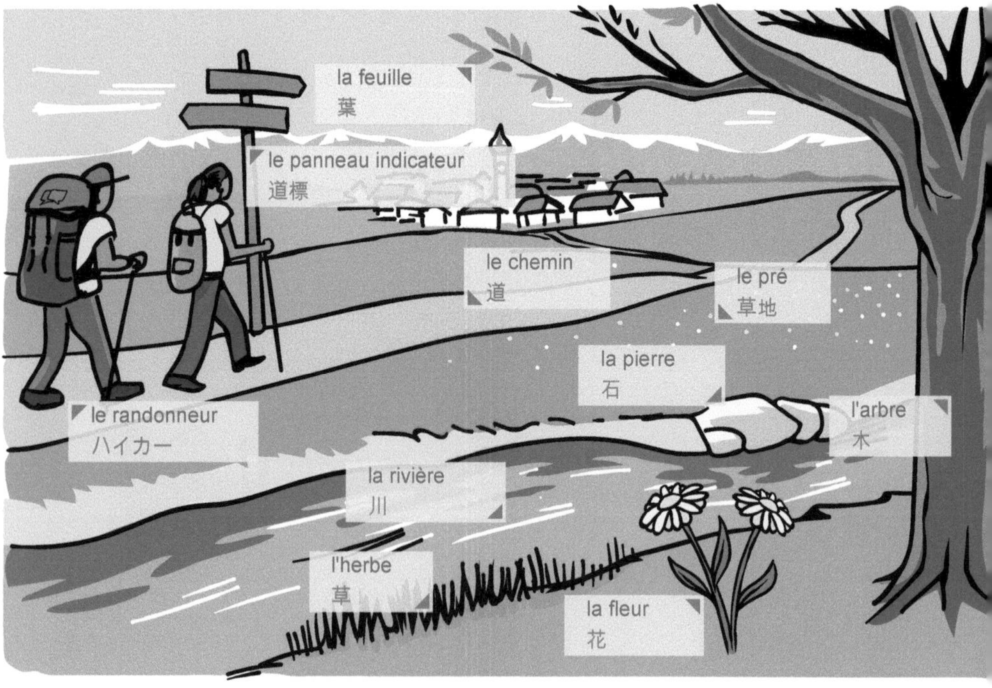

la feuille
葉

le panneau indicateur
道標

le chemin
道

le pré
草地

la pierre
石

l'arbre
木

le randonneur
ハイカー

la rivière
川

l'herbe
草

la fleur
花

la vallée

谷

la montagne

山

le lac

湖

la forêt

森

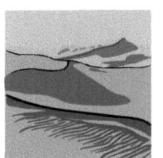

le désert

砂漠

le volcan

火山

le château

城

l'arc-en-ciel

虹

le champignon

キノコ

le palmier

ヤシの木

le moustique

蚊

la mouche

ハエ

les fourmis

蟻

l'abeille

ミツバチ

l'araignée

クモ

le coléoptère

カブトムシ

la grenouille

蛙

l'écureuil

リス

le hérisson

ハリネズミ

le lièvre

ウサギ

la chouette

フクロウ

l'oiseau

鳥

le cygne

白鳥

le sanglier

雄豚

le cerf

鹿

l'élan

ヘラジカ

le barrage

ダム

l'éolienne

風力タービン

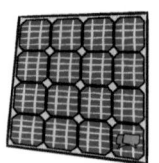

le panneau solaire

ソーラーパネル

le climat

気候

le paysage - 風景

le restaurant
レストラン

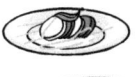

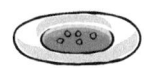

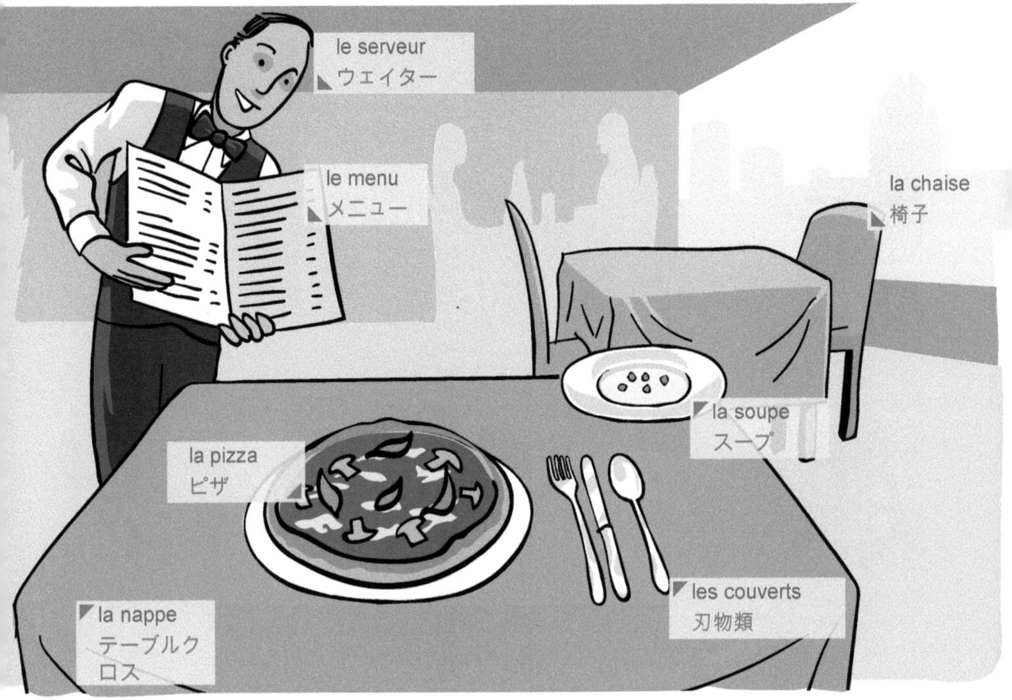
le serveur
ウェイター
le menu
メニュー
la chaise
椅子
la soupe
スープ
la pizza
ピザ
les couverts
刃物類
la nappe
テーブルクロス

les hors d'œuvre

前菜

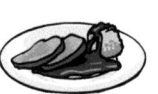

le plat principal

メインコース

le dessert

デザート

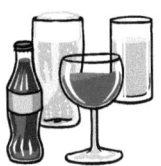

les boissons

飲み物

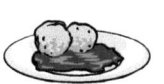

l'alimentation

食べ物

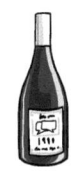

la bouteille

ボトル

le fast-food

ファストフード

les plats à emporter

屋台の食べ物

la théière

ティーポット

le sucrier

砂糖入れ

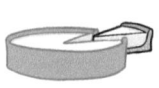

la portion

一人前

la machine à expresso

エスプレッソマシン

la chaise haute

幼児用食事椅子

la facture

請求書

le plateau

トレー

le couteau

ナイフ

la fourchette

フォーク

la cuillère

スプーン

la cuillère à thé

ティースプーン

la serviette

ナプキン

le verre

グラス

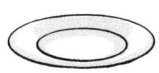

l'assiette

皿

l'assiette à soupe

スープ皿

la soucoupe

受け皿

la sauce

ソース

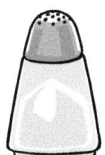

la salière

塩入れ

le moulin à poivre

ペッパーミル

le vinaigre

酢

l'huile

油

les épices

スパイス

le ketchup

ケチャップ

la moutarde

マスタード

la mayonnaise

マヨネーズ

le supermarché
スーパーマーケット

l'offre promotionnelle
特価品
FOR
le client
顧客
les produits laitiers
乳製品
les fruits
果物
le chariot
ショッピング
・カート

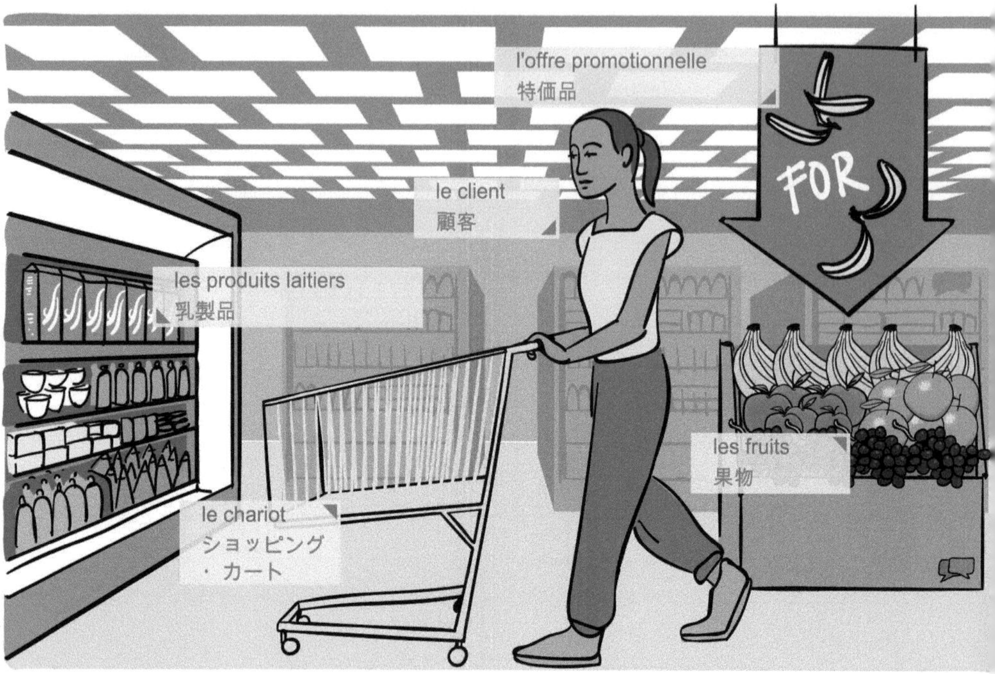

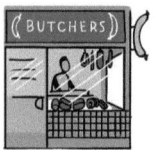

BUTCHERS

la boucherie

肉屋

BAKERY

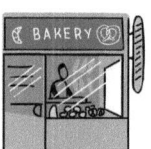

la boulangerie

パン屋

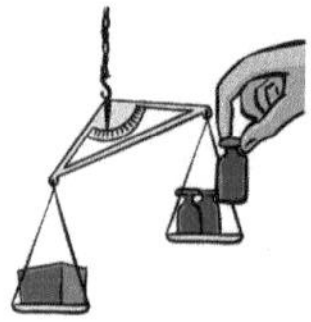

peser

重さをはかる

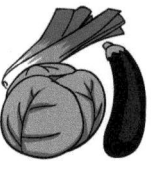

les légumes

野菜

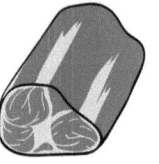

la viande

肉

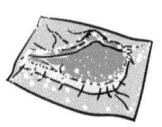

les aliments surgelés

冷凍食品

la charcuterie

冷肉の薄切り

les conserves

缶詰食品

la poudre à lessive

洗剤

les bonbons

菓子

les articles ménagers

家庭用品

les détergents

清掃用品

la vendeuse

販売員

la caisse

現金箱

le caissier

レジ係

la liste d'achats

買い物リスト

les heures d'ouverture

開館時刻

le portefeuille

財布

la carte de crédit

クレジットカード

le sac

バッグ

le sac en plastique

ポリ袋

l'eau

水

le jus de fruit

ジュース

le lait

牛乳

le coca

コーラ

le vin

ワイン

la bière

ビール

l'alcool

アルコール

le chocolat chaud

ココア

le thé

紅茶

le café

コーヒー

l'expresso

エスプレッソ

le cappuccino

カプチーノ

la banane
バナナ

la pomme
リンゴ

l'orange
オレンジ

le melon
メロン

le citron.
レモン

la carotte
ニンジン

l'ail
ニンニク

le bambou
竹

l'oignon
玉ねぎ

le champignon
キノコ

les noisettes
ナッツ

les pâtes
ヌードル

les spaghetti

スパゲッティ

le riz

米

la salade

サラダ

les pommes frites

フライドポテト

les pommes de terre rôties

フライドポテト

la pizza

ピザ

le hamburger

ハンバーガー

le sandwich

サンドウィッチ

l'escalope

カツレツ

le jambon

ハム

le salami

サラミ

la saucisse

ソーセージ

le poulet

鶏肉

le rôti

焼き

le poisson

魚

les flocons d'avoine

麦のお粥

le muesli

ムーズリ

les cornflakes

コーンフレーク

la farine

小麦粉

le croissant

クロワッサン

les petits-pains

ロールパン

le pain

パン

le pain grillé

トースト

les biscuits

ビスケット

le beurre

バター

le fromage blanc

カッテージチーズ

le gâteau

ケーキ

l'œuf

卵

l'œuf au plat

目玉焼き

le fromage

チーズ

la glace

アイスクリーム

le sucre

砂糖

le miel

はちみつ

la confiture

ジャム

la crème nougat

ヌガークリーム

le curry

カレー

la ferme

農場

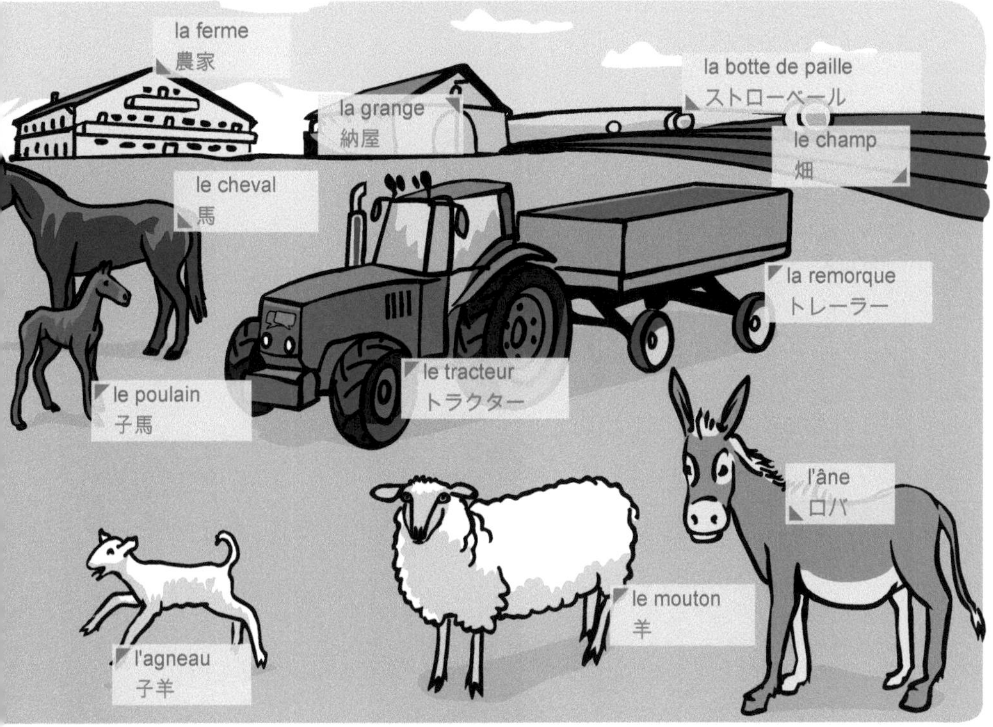
la ferme
農家
la grange
納屋
la botte de paille
ストローベール
le champ
畑
le cheval
馬
la remorque
トレーラー
le tracteur
トラクター
le poulain
子馬
l'âne
ロバ
le mouton
羊
l'agneau
子羊

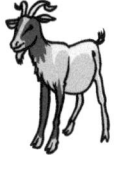

la chèvre

ヤギ

la vache

雌牛

le veau

子牛

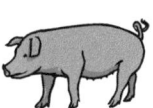

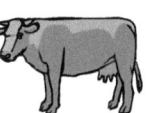

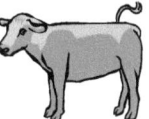

le porc

豚

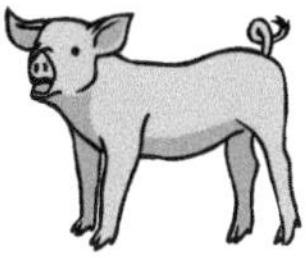

le porcelet

子豚

le taureau

雄牛

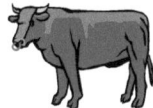

l'oie

ガチョウ

le canard

アヒル

le poussin

ひよこ

la poule

にわとり

le coq

おんどり

le rat

ネズミ

le chat

猫

la souris

ねずみ

le bœuf

雄牛

le chien

犬

le chenil

犬小屋

le tuyau de jardin

散水ホース

l'arrosoir

じょうろ

la faucheuse

大鎌

la charrue

すき

la faucille
草刈り鎌

la pioche
くわ

la fourche
堆肥用フォーク

la hache
斧

la brouette
手押し車

la cuve
かいばおけ

le pot à lait
牛乳缶

le sac
袋

la clôture
フェンス

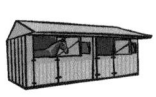

l'étable
畜舎

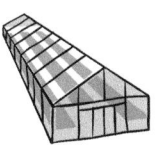

le serre
温室

le sol
土壌

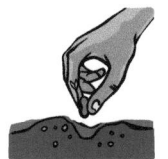

les semences
種

l'engrais
肥料

la moissonneuse-batteuse
コンバイン

la ferme - 農場

récolter

収穫する

la récolte

収穫

l'igname

ヤマイモ

le blé

小麦

le soja

大豆

la pomme de terre

じゃがいも

le maïs

トウモロコシ

le colza

菜種

l'arbre fruitier

果樹

le manioc

キャッサバ

les céréales

穀物

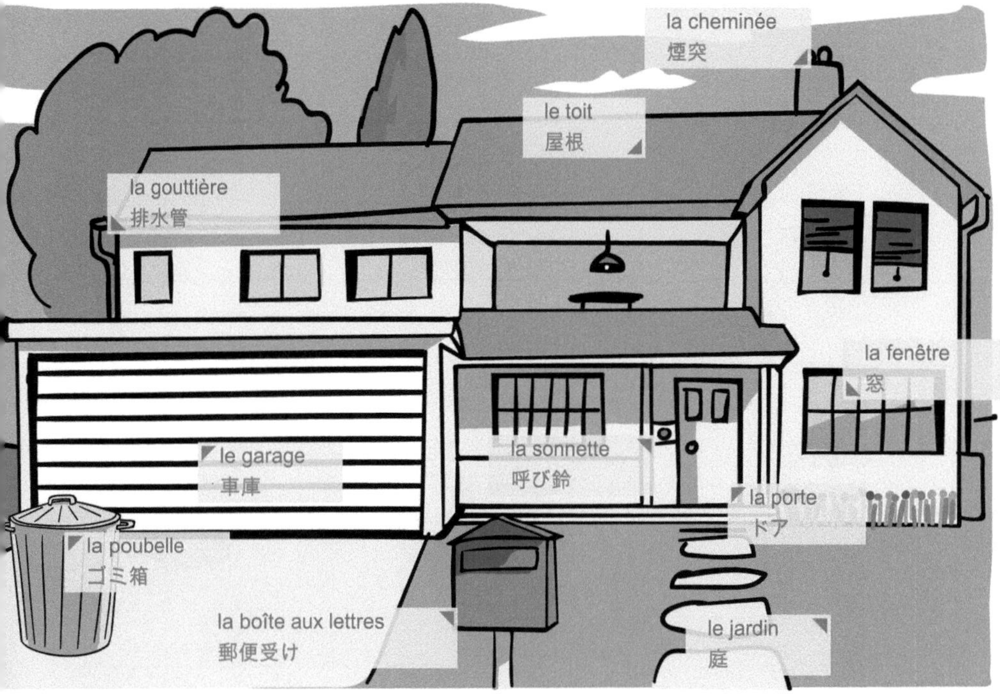

la cheminée
煙突

le toit
屋根

la gouttière
排水管

la fenêtre
窓

le garage
車庫

la sonnette
呼び鈴

la porte
ドア

la poubelle
ゴミ箱

la boîte aux lettres
郵便受け

le jardin
庭

le salon

リビングルーム

la salle de bain

浴室

la cuisine

台所

la chambre à coucher

寝室

la chambre d'enfant

子供部屋

la salle à manger

ダイニング・ルーム

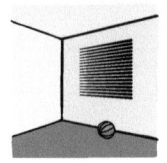

le sol

床

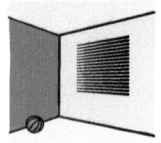

le mur

壁

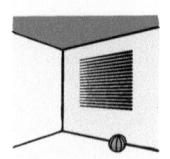

le plafond

天井

la cave

地下貯蔵庫

le sauna

サウナ

le balcon

バルコニー

la terrasse

テラス

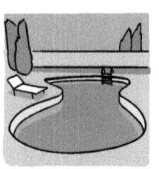

la piscine

プール

la tondeuse à gazon

芝刈り機

la housse

シーツ

la couette

ベッドカバー

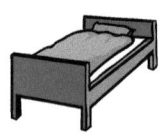

le lit

ベッド

le balai

ほうき

le sceau

バケツ

l'interrupteur

スイッチ

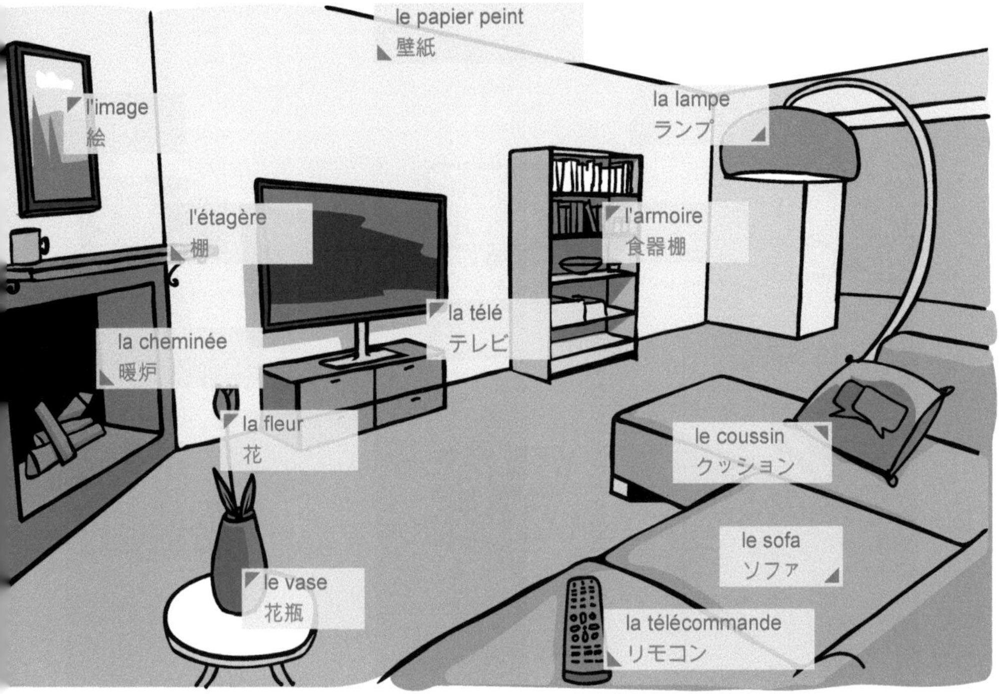

le papier peint
壁紙

l'image
絵

la lampe
ランプ

l'étagère
棚

l'armoire
食器棚

la cheminée
暖炉

la télé
テレビ

la fleur
花

le coussin
クッション

le sofa
ソファ

le vase
花瓶

la télécommande
リモコン

le tapis
カーペット

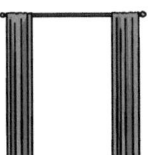

le rideau
カーテン

la table
テーブル

la chaise
椅子

la chaise à bascule
ロッキングチェア

le fauteuil
ひじ掛け椅子

le livre

本

la couverture

毛布

la décoration

飾り

le bois de chauffage

たきぎ

le film

映画

la chaîne hi-fi

ステレオ

la clé

鍵

le journal

新聞

la peinture

絵画

le poster

ポスター

la radio

ラジオ

le bloc-notes

メモ帳

l'aspirateur

掃除機

le cactus

サボテン

la bougie

ろうそく

la cuisine
台所

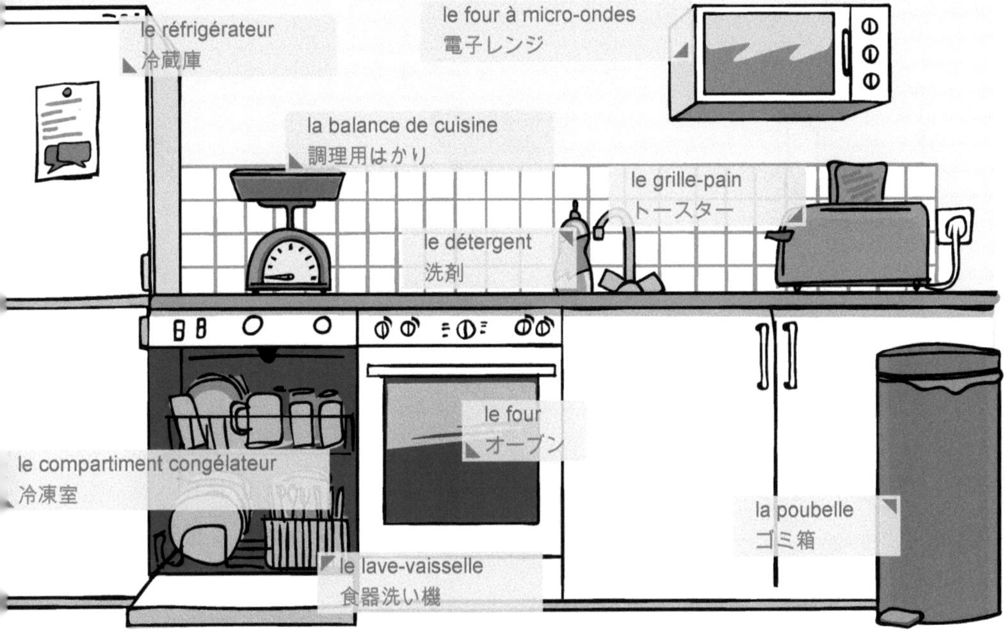

le réfrigérateur
冷蔵庫
le four à micro-ondes
電子レンジ
la balance de cuisine
調理用はかり
le grille-pain
トースター
le détergent
洗剤
le four
オーブン
le compartiment congélateur
冷凍室
la poubelle
ゴミ箱
le lave-vaisselle
食器洗い機

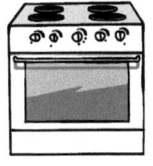

le four
こんろ

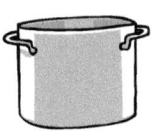

la casserole
鍋

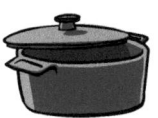

la marmite
鉄鍋

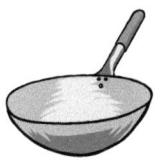

le wok / kadai
中華鍋/ カダイ鍋

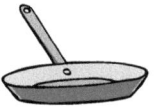

la poêle
フライパン

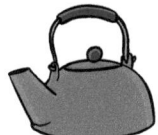

la bouilloire electrique
やかん

le cuiseur vapeur

蒸し器

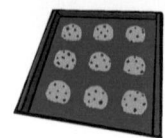

la plaque de cuisson

天板

la vaisselle

食器

le gobelet

マグカップ

la coupe

ボウル

les baguettes

箸

la louche

おたま

la spatule

へら

le fouet

泡立て器

la passoire

こし器

le tamis

ふるい

la râpe

すりおろし器

le mortier

すり鉢

le barbecue

バーベキュー

la cheminée

かまど

la planche à découper

まな板

le rouleau à pâtisserie

麺棒

le tire-bouchon

栓抜き

la boîte

缶

l'ouvre-boîte

缶切り

les maniques

鍋つかみ

le lavabo

流し

la brosse

ブラシ

l'éponge

スポンジ

le mixeur

ミキサー

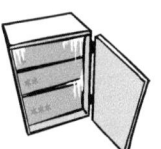

le congélateur

冷凍庫

le biberon

哺乳瓶

le robinet

蛇口

la salle de bain

浴室

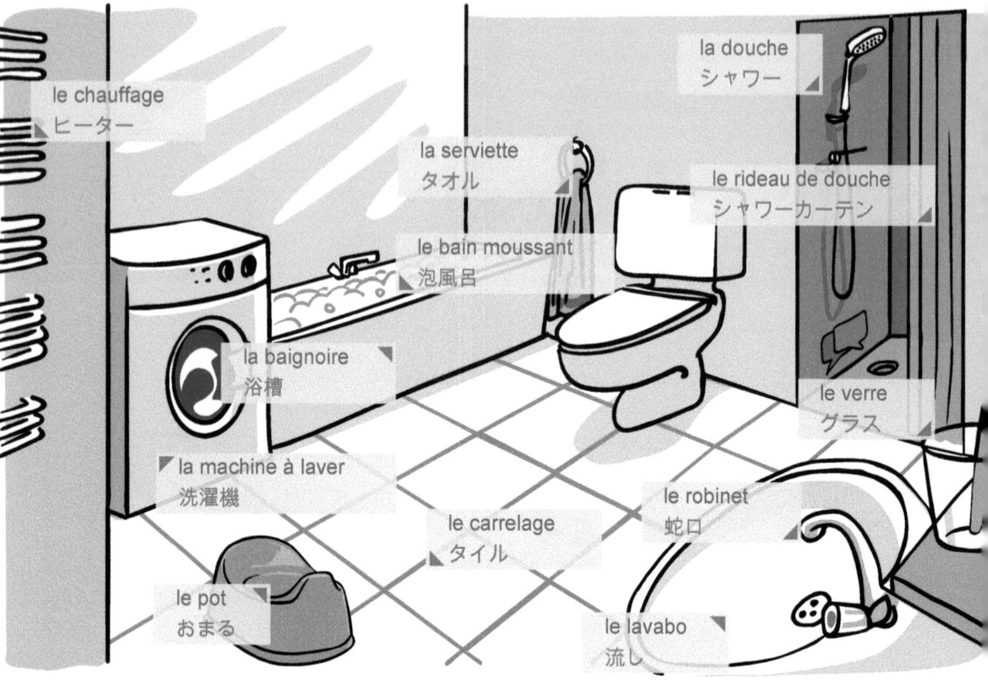

la douche
シャワー
le chauffage
ヒーター
la serviette
タオル
le rideau de douche
シャワーカーテン
le bain moussant
泡風呂
la baignoire
浴槽
le verre
グラス
la machine à laver
洗濯機
le robinet
蛇口
le carrelage
タイル
le pot
おまる
le lavabo
流し

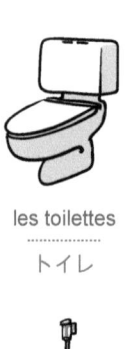

les toilettes
トイレ

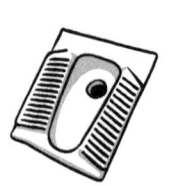

la toilette à la turque
和式トイレ

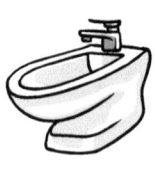

le bidet
ビデ

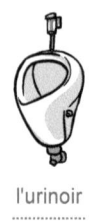

l'urinoir
小便器

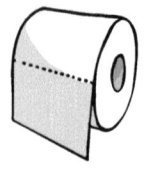

le papier toilette
トイレットペーパー

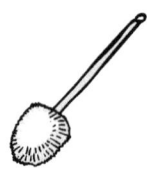

la brosse à toilette
トイレブラシ

la brosse à dents

歯ブラシ

le dentifrice

歯みがき

le fil dentaire

デンタルフロス

laver

洗う

la douche manuelle

シャワーヘッド

la douche intime

ハンドビデ

la vasque

洗面台

la brosse dorsale

ボディブラシ

le savon

石鹸

le gel douche

シャワー用ジェル

le shampooing

シャンプー

le gant de toilette

浴用タオル

l'écoulement

排水口

la crème

クリーム

le déodorant

消臭

le miroir

鏡

le miroir cosmétique

手鏡

le rasoir

かみそり

la mousse à raser

シェービング・フォーム

l'après-rasage

アフターシェーブローショ
ン

la peigne

櫛

la brosse

ブラシ

le sèche-cheveux

ドライヤー

la laque pour cheveux

ヘアスプレー

le fond de teint

化粧

le rouge à lèvres

口紅

le vernis à ongles

マニキュア

l'ouate

脱脂綿

le coupe-ongles

爪切り

le parfum

香水

la trousse de toilette

洗面用具入れ

le tabouret

スツール

le pèse-personne

体重計

le peignoir

バスローブ

les gants de nettoyage

ゴム手袋

le tampon

タンポン

s serviettes hygiéniques

生理用ナプキン

la toilette chimique

ケミカルトイレ

la chambre d'enfant

子供部屋

le réveil
目覚まし時計
le doudou
ぬいぐるみ
la voiture jouet
おもちゃの自動車
le hochet
がらがら
la maison de poupée
ドール・ハウス
le cadeau
プレゼント

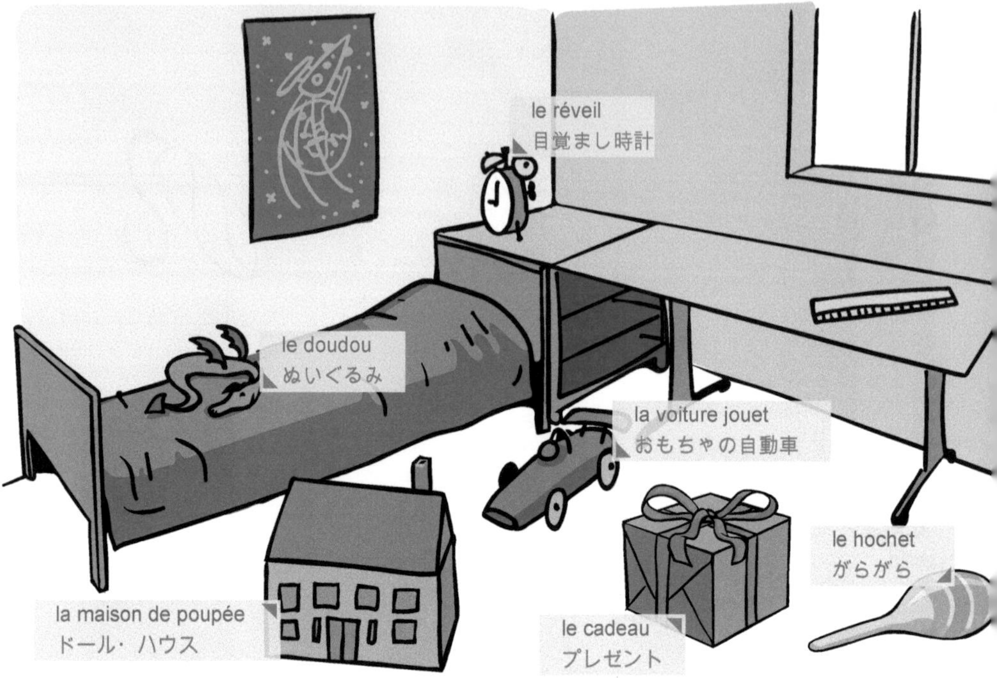

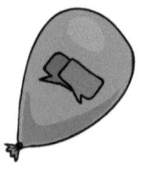

le ballon
風船

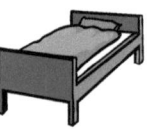

le lit
ベッド

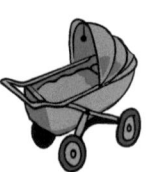

la poussette
ベビーカー

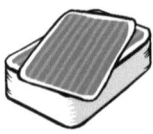

le jeu de cartes
カードゲーム

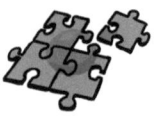

le puzzle
ジグソーパズル

SUPER MEGA

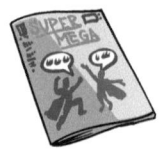

la bande dessinée
漫画

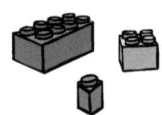

les pièces lego
レゴ

les blocs de construction
玩具ブロック

la figurine
アクションフィギュア

la grenouillère
ロンパース

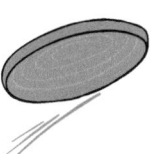

le frisbee
フリスビー

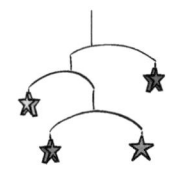

le mobile
モバイル

le jeu de société
ボードゲーム

le dé
さいころ

le train miniature
鉄道模型

la sucette
おしゃぶり

la fête
パーティー

le livre d'images
絵本

la balle
ボール

la poupée
人形

jouer
遊ぶ

le bac à sable

砂場

la balançoire

ブランコ

les jouets

おもちゃ

la console de jeu

ゲーム機

le tricycle

三輪車

l'ours en peluche

テディベア

l'armoire

衣装ダンス

les vêtements

衣服

les chaussettes

靴下

les bas

ストッキング

le collant

タイツ

l'écharpe
スカーフ

le parapluie
雨傘

le t-shirt
Tシャツ

la ceinture
ベルト

les bottes
ブーツ

les pantoufles
スリッパ

les baskets
スニーカー

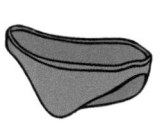

les sandales

サンダル

les chaussures

靴

les bottes de caoutchouc

ゴム長靴

les sous-vêtements

パンツ

le soutien-gorge

ブラ

le maillot de corps

ベスト

les vêtements - 衣服

le body

ボディースーツ

le pantalon

ズボン

le jean

ジーンズ

la jupe

スカート

le chemisier

ブラウス

la chemise

シャツ

le pull

セーター

le sweat à capuche

パーカー

la veste

ブレザー

la veste

ジャケット

le manteau

コート

l'imperméable

レインコート

le costume

服装

la robe

ドレス

la robe de mariée

ウェディングドレス

le costume

スーツ

la chemise de nuit

ナイトガウン

le pyjama

パジャマ

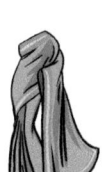

le sari

サリー

le foulard

ヘッドスカーフ

le turban

ターバン

la burqa

ブルカ

le caftan

カフタン

l'abaya

アバヤ

le maillot de bain

水着

le maillot de bain

トランクス

le short

半ズボン

la tenue d'entraînement

スウェットスーツ

le tablier

エプロン

les gants

手袋

le bouton

ボタン

les lunettes

メガネ

le bracelet

ブレスレット

le collier

ネックレス

la bague

指輪

la boucle d'oreille

イヤリング

le bonnet

帽子

le cintre

ハンガー

le chapeau

帽子

la cravate

ネクタイ

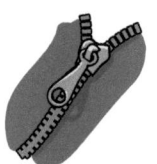

la fermeture éclair

ファスナー

le casque

ヘルメット

les bretelles

サスペンダー

l'uniforme scolaire

制服

l'uniforme

ユニフォーム

le bavoir

よだれかけ

la sucette

おしゃぶり

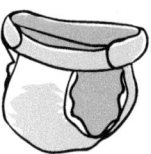

la lange

おむつ

le bureau

オフィス

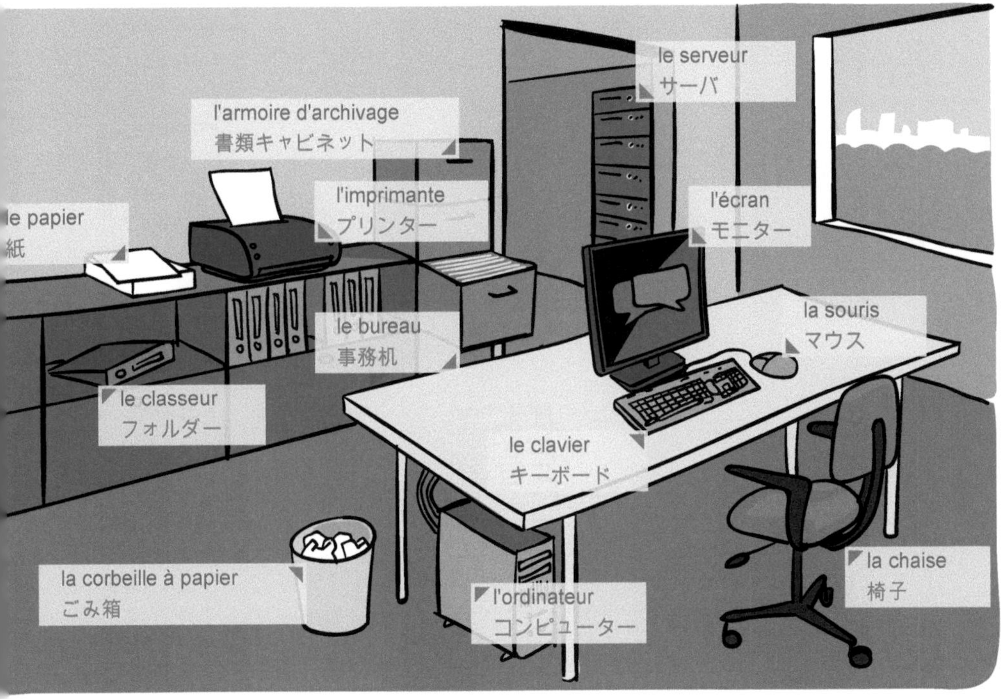

le serveur
サーバ

l'armoire d'archivage
書類キャビネット

l'imprimante
プリンター

l'écran
モニター

le papier
紙

le bureau
事務机

la souris
マウス

le classeur
フォルダー

le clavier
キーボード

la corbeille à papier
ごみ箱

l'ordinateur
コンピューター

la chaise
椅子

la tasse de café

コーヒーマグ

la calculatrice

計算機

l'internet

インターネット

l'ordinateur portable

ラップトップ

la lettre

手紙

le message

メッセージ

le portable

携帯電話

le réseau

ネットワーク

la photocopieuse

コピー機

le logiciel

ソフトウェア

le téléphone

電話

la prise

コンセント

le fax

ファックス

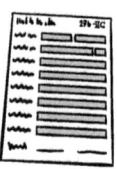

le formulaire

フォーム

le document

書類

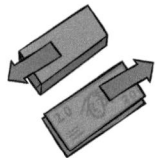

acheter

買う

payer

支払う

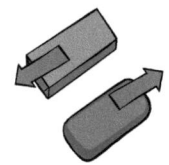

faire du commerce

取引する

la monnaie

お金

le dollar

ドル

l'euro

ユーロ

le yen

円

le rouble

ルーブル

le franc suisse

スイスフラン

le renminbi yuan

人民元

la roupie

ルピー

le distributeur automatique

キャッシュポイント

le bureau de change

両替所

l'or

金

l'argent

銀

le pétrole

油

l'énergie

エネルギー

le prix

価格

le contrat

契約

la taxe

税金

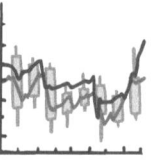

l'action

株

travailler

働く

l'employé

従業員

l'employeur

雇用主

l'usine

工場

le magasin

ショップ

l'agent de police
警察官

le pompier
消防士

le cuisinier
コック

le médecin
医師

le pilote
パイロット

le jardinier

庭師

le menuisier

大工

le couturière
la couturière

お針子

le juge

裁判官

le chimiste

化学者

l'acteur

俳優

le conducteur de bus

バスの運転手

le chauffeur de taxi

タクシー運転手

le pêcheur

漁師

la femme de ménage

掃除婦

le couvreur

屋根ふき職人

le serveur

ウェイター

le chasseur

ハンター

le peintre

塗装工

le boulanger

パン屋

l'électricien

電気工

l'ouvrier

建設作業員

l'ingénieur

エンジニア

le boucher

肉屋

le plombier

配管工

le facteur

郵便配達人

le soldat

軍人

l'architecte

建築家

le caissier

レジ係

le fleuriste

花屋

le coiffeur

美容師

le contrôleur

車掌

le mécanicien

機械工

le capitaine

キャプテン

le dentiste

歯科医

le scientifique

科学者

le rabbin

ラビ

l'imam

イスラム導師

le moine

修道士

le prêtre

牧師

les outils
道具

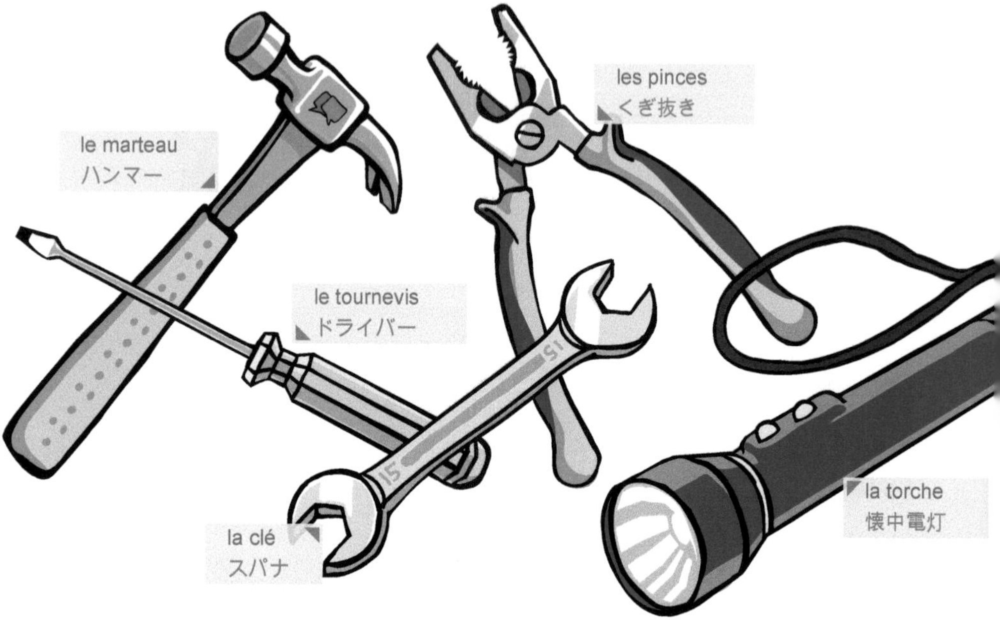

le marteau
ハンマー
les pinces
くぎ抜き
le tournevis
ドライバー
la clé
スパナ
la torche
懐中電灯

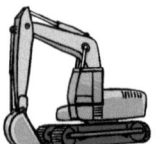

la pelleteuse

掘削機

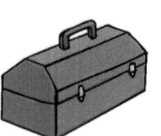

la boîte à outils

道具箱

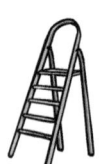

l'échelle

はしご

la scie

のこぎり

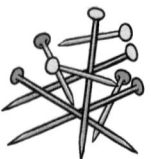

les clous

釘

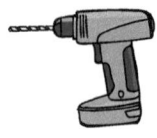

la perceuse

ドリル

réparer

修理する

la pelle

シャベル

Mince !

クソ！

la pelle

ちりとり

le pot de peinture

ペンキ缶

les vis

ネジ

les instruments de musique
楽器

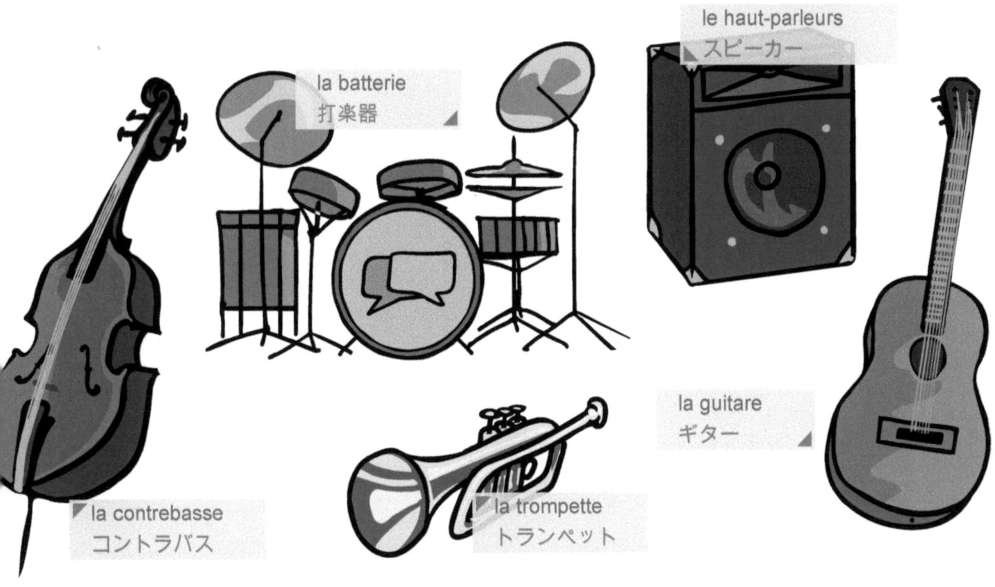

la batterie
打楽器

le haut-parleurs
スピーカー

la guitare
ギター

la contrebasse
コントラバス

la trompette
トランペット

le piano

ピアノ

le violon

バイオリン

la basse

バス

les timbales

ティンパニ

le tambour

ドラム

le piano électrique

キーボード

le saxophone

サックス

la flûte

フルート

le microphone

マイクロフォン

les instruments de musique - 楽器

le zoo
動物園

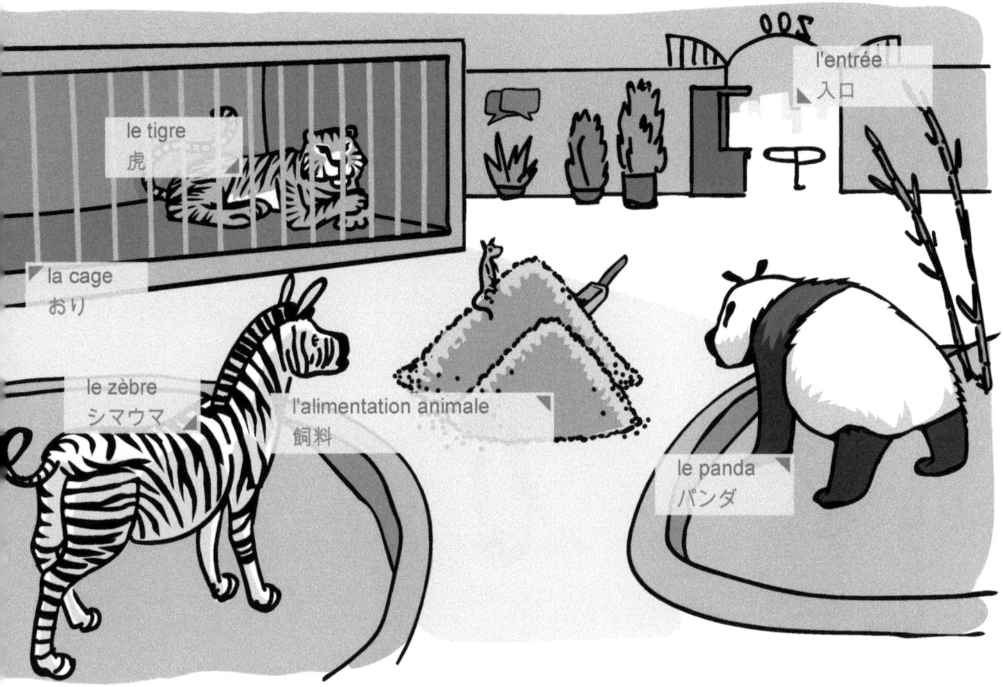

l'entrée
入口
le tigre
虎
la cage
おり
le zèbre
シマウマ
l'alimentation animale
飼料
le panda
パンダ

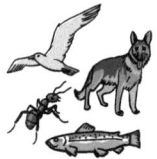

les animaux

動物

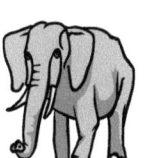

l'éléphant

象

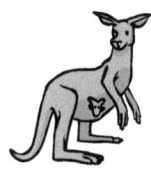

le kangourou

カンガルー

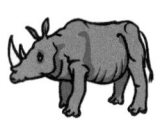

le rhinocéros

サイ

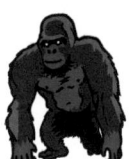

le gorille

ゴリラ

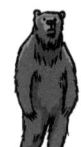

l'ours

熊

le chameau

ラクダ

l'autruche

ダチョウ

le lion

ライオン

le singe

猿

le flamand rose

フラミンゴ

le perroquet

オウム

l'ours polaire

白クマ

le pingouin

ペンギン

le requin

サメ

le paon

クジャク

le serpent

蛇

le crocodile

ワニ

le gardien de zoo

飼育係

le phoque

アザラシ

le jaguar

ジャガー

le poney

ポニー

le léopard

ヒョウ

l'hippopotame

カバ

la girafe

キリン

l'aigle

鷲

le sanglier

雄豚

le poisson

魚

la tortue

亀

le morse

セイウチ

le renard

狐

la gazelle

ガゼル

les sports
スポーツ

l'american Football
アメフト

le cyclisme
サイクリング

le tennis
テニス

le basket-ball
バスケットボール

la natation
水泳

la boxe
ボクシング

le hockey sur glace
アイスホッケー

le football
サッカー

le badminton
バドミントン

l'athlétisme
陸上競技

le handball
ハンドボール

le ski
スキー

le polo
ポロ

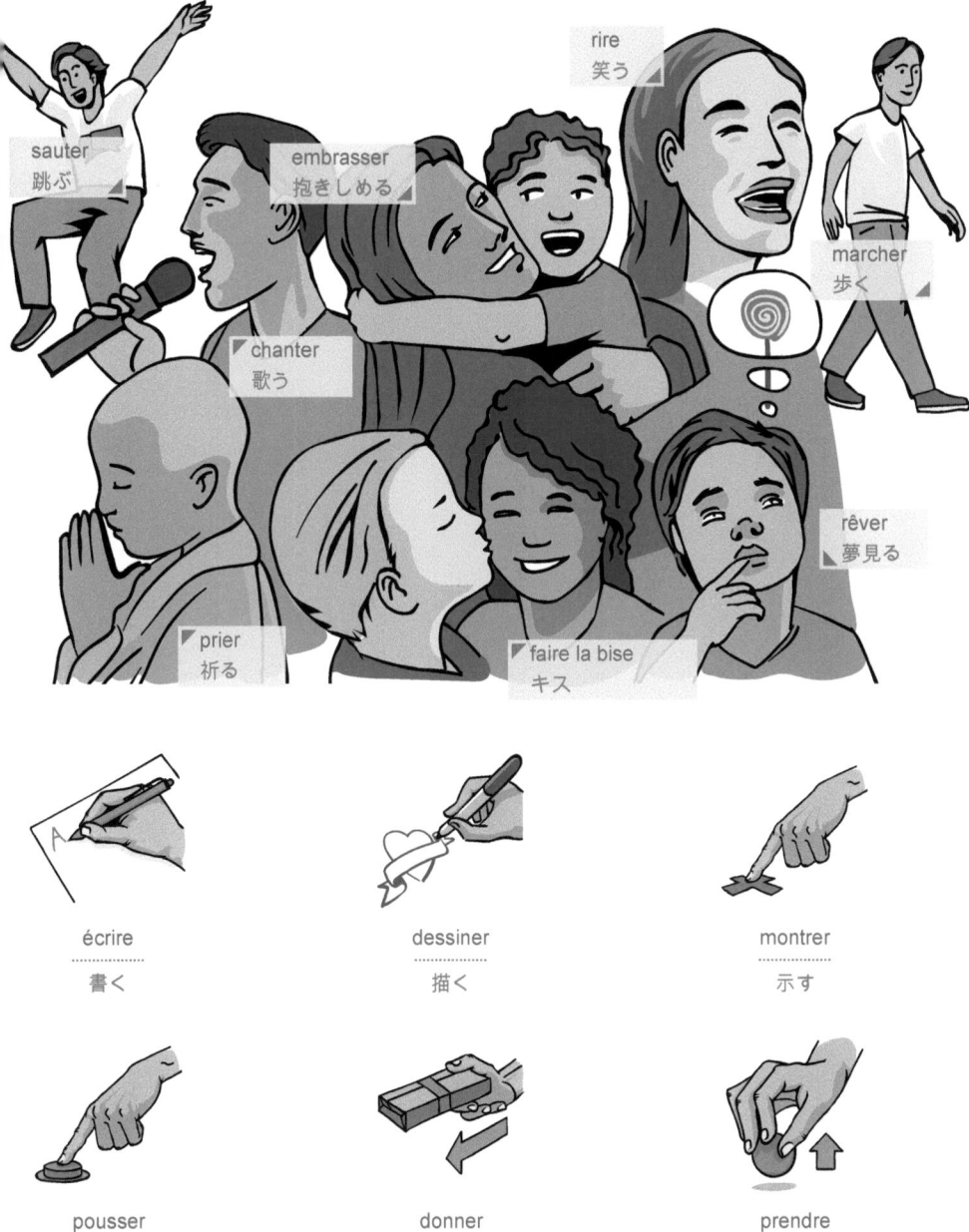

sauter
跳ぶ

rire
笑う

embrasser
抱きしめる

marcher
歩く

chanter
歌う

prier
祈る

faire la bise
キス

rêver
夢見る

écrire
書く

dessiner
描く

montrer
示す

pousser
押す

donner
与える

prendre
取る

avoir

持っている

faire

する

être

ある

être debout

立つ

courir

走る

trier

引く

jeter

投げる

tomber

落ちる

être couché

横たわっている

attendre

待つ

porter

運ぶ

être assis

座る

s'habiller

着る

dormir

眠る

se réveiller

目が覚める

les activités - 活動

regarder

見る

pleurer

泣く

caresser

なでる

peigner

櫛ですく

parler

話す

comprendre

理解する

demander

質問する

écouter

聞く

boire

飲む

manger

食べる

ranger

片づける

aimer

愛する

cuire

料理する

conduire

運転する

voler

飛ぶ

les activités - 活動

65

faire de la voile

ヨットに乗る

calculer

計算する

lire

読む

apprendre

学ぶ

travailler

働く

se marier

結婚する

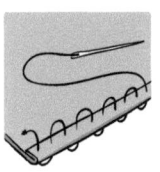

coudre

縫う

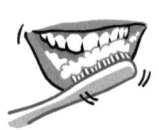

brosser les dents

歯を磨く

tuer

殺す

fumer

喫煙する

envoyer

送る

la famille

家族

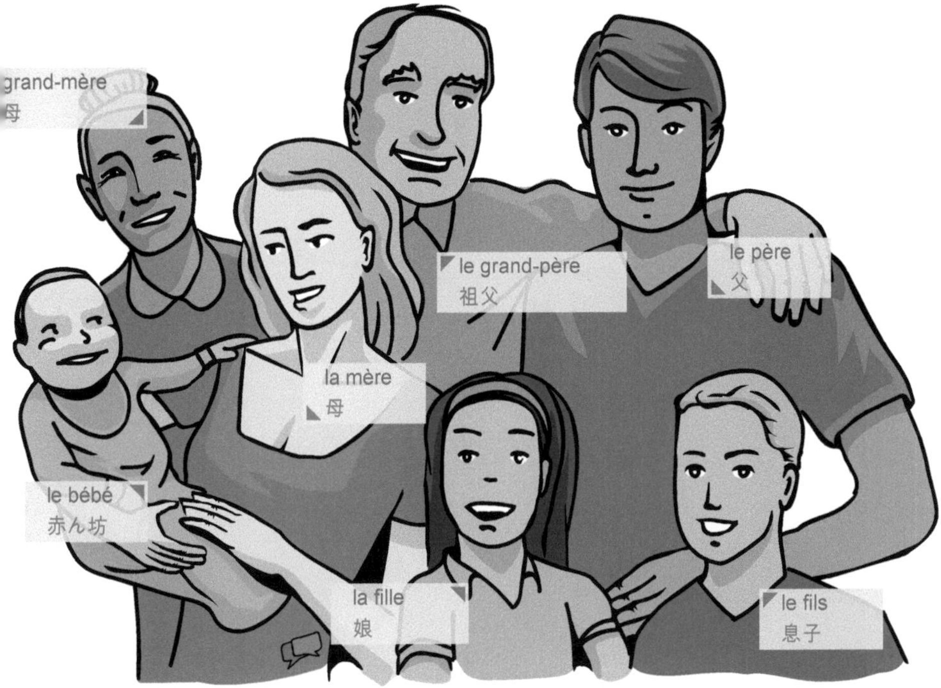
grand-mère
母
le grand-père
祖父
le père
父
la mère
母
le bébé
赤ん坊
la fille
娘
le fils
息子

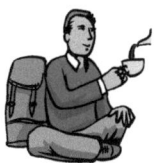

l'hôte

お客様

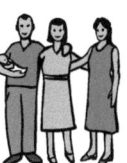

la tante

おば

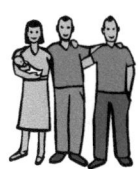

l'oncle

おじ

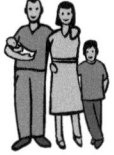

le frère

兄弟

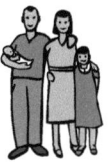

la sœur

姉妹

le corps
体

le front
ひたい
l'œil
目
l'épaule
肩
le doigt
指
le visage
顔
le menton
あご
la main
手
la jambe
脚
la poitrine
胸
le bras
腕

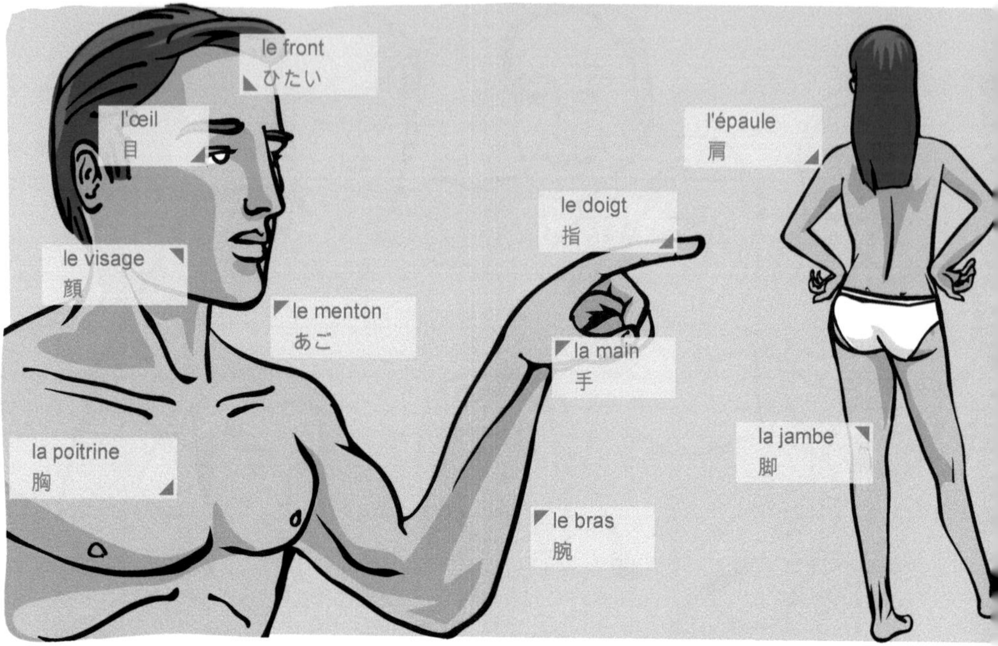

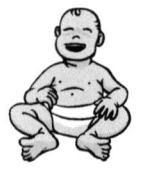

le bébé
赤ん坊

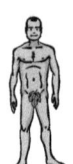

l'homme
男性

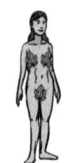

la femme
女性

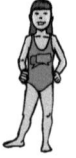

la fille
少女

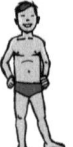

le garçon
少年

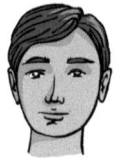

la tête
頭

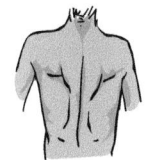

le dos

背中

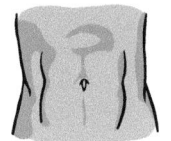

le ventre

腹

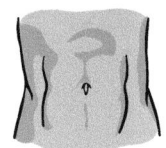

le nombril

へそ

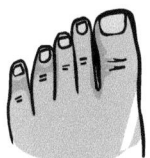

l'orteil

足指

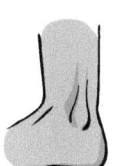

le talon

かかと

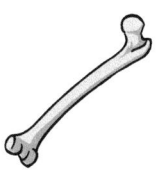

l'os

骨

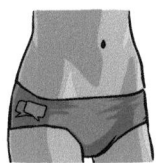

la hanche

腰

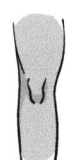

le genou

ひざ

le coude

ひじ

le nez

鼻

les fesses

尻

la peau

皮膚

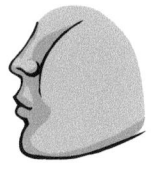

la joue

頬

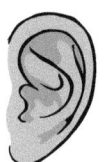

l'oreille

耳

la lèvre

唇

le corps - 体

la bouche
口

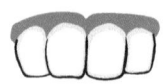

la dent
歯

la langue
舌

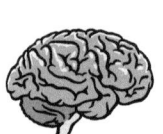

le cerveau
脳

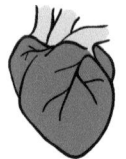

le cœur
心臓

le muscle
筋肉

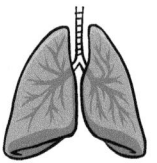

les poumons
肺

le foie
肝臓

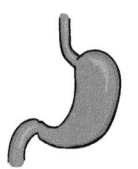

l'estomac
胃

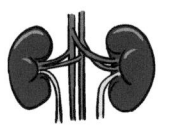

les reins
腎臓

le rapport sexuel
セックス

le préservatif
コンドーム

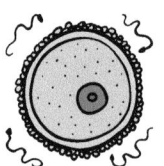

l'ovule
卵細胞

le sperme
精液

la grossesse
妊娠

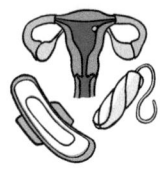

la menstruation

月経

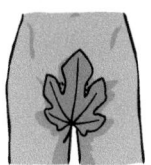

le vagin

膣

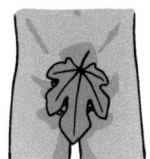

le pénis

ペニス

le sourcil

眉

les cheveux

髪

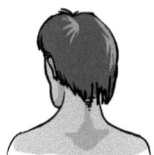

le cou

首

l'hôpital
病院

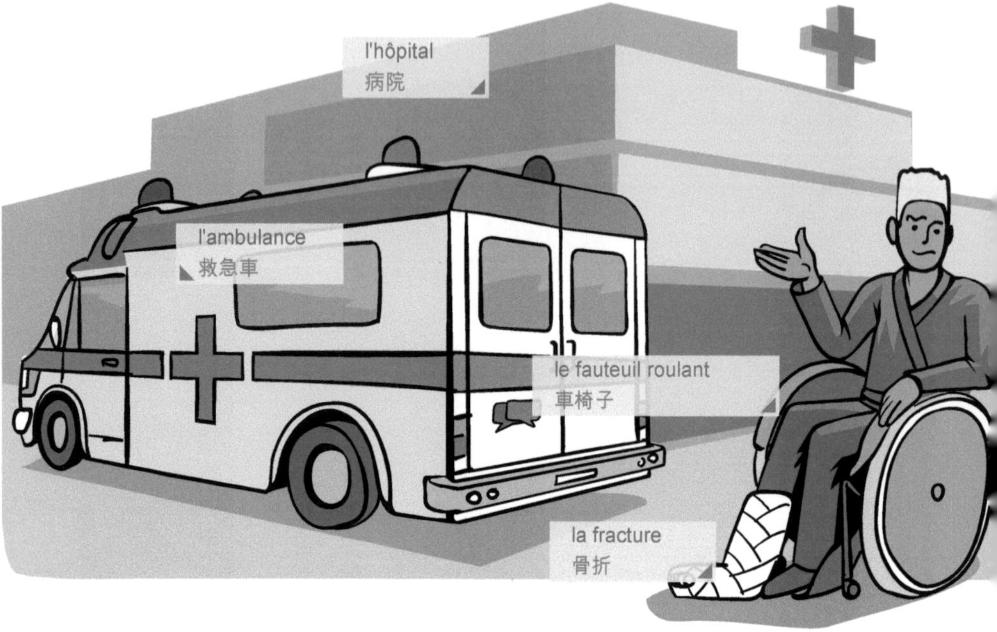

l'hôpital
病院
l'ambulance
救急車
le fauteuil roulant
車椅子
la fracture
骨折

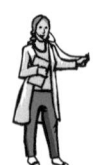

le médecin

医師

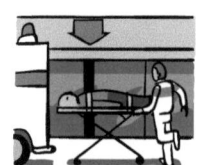

le service des urgences

救急治療室

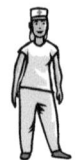

l'infirmière

看護師

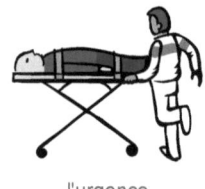

l'urgence

救急

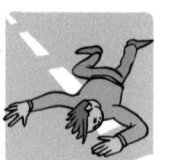

inconscient

失神

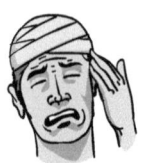

la douleur

痛み

la blessure

けが

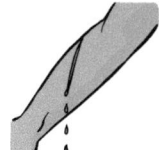

l'hémorragie

出血

la crise cardiaque

心臓発作

l'attaque cérébrale

脳卒中

l'allergie

アレルギー

la toux

咳

la fièvre

熱

la grippe

インフルエンザ

la diarrhée

下痢

le mal de tête

頭痛

le cancer

癌

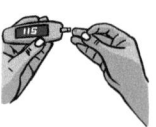

le diabète

糖尿病

le chirurgien

外科医

le scalpel

外科用メス

l'opération

手術

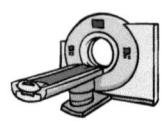

le CT
CT

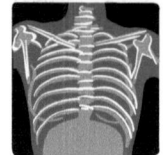

la radiographie
レントゲン

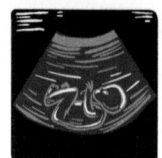

l'échographie
超音波

le masque
マスク

la maladie
病気

la salle d'attente
待合室

la béquille
松葉づえ

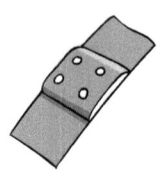

le pansement
ばんそうこう

le pansement
包帯

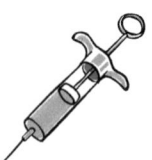

l'injection
注射

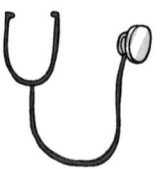

le stéthoscope
聴診器

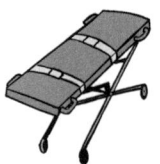

le brancard
担架

le thermomètre
体温計

l'accouchement
出産

la surcharge pondérale
肥満

l'appareil auditif

補聴器

le désinfectant

消毒剤

l'infection

感染

le virus

ウイルス

le VIH / le sida

HIV / エイズ

le médicament

内服薬

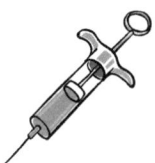

la vaccination

予防接種

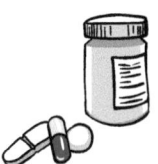

les comprimés

錠剤

le médicament

la pilule

ピル

l'appel d'urgence

緊急電話

le tensiomètre

血圧計

malade / sain

病気の　/　健康な

Au secours !

助けて！

l'alarme

アラーム

l'assaut

暴行

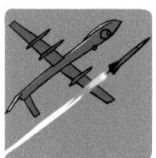

l'attaque

攻撃

le danger

危険

la sortie de secours

非常口

Au feu!

火事だ！

l'extincteur

消火器

l'accident

事故

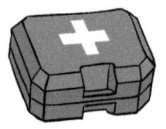

la trousse de premier secours

救急箱

SOS

SOS

la police

警察

l'Europe

ヨーロッパ

l'Amérique du Nord

北米

l'Amérique du Sud

南米

l'Afrique

アフリカ

l'Asie

アジア

l'Australie

オーストラリア

l'Océan atlantique

大西洋

l'Océan pacifique

太平洋

l'Océan indien

インド洋

l'Océan antarctique

南極海

l'Océan arctique

北極海

le Pôle nord

北極

le Pôle sud

南極

l'Antarctique

南極大陸

la terre

地球

le pays

陸

la mer

海

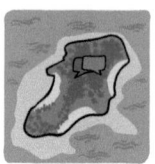

l'île

島

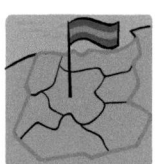

la nation

国家

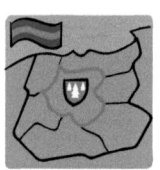

l'état

国家

le cadran

文字盤

l'aiguille des heures

短針

l'aiguille des minutes

長針

l'aiguille des secondes

秒針

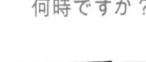

Quelle heure est-il ?

何時ですか？

le jour

日

le temps

時間

maintenant

現在

la montre digitale

デジタル時計

la minute

分

l'heure

時間

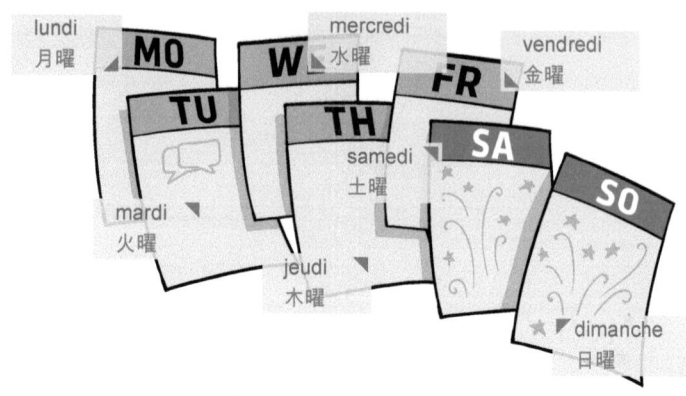

lundi
月曜

mercredi
水曜

vendredi
金曜

mardi
火曜

samedi
土曜

jeudi
木曜

dimanche
日曜

hier

昨日

aujourd'hui

今日

demain

明日

le matin

朝

le midi

昼

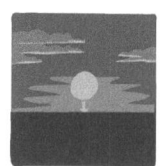

le soir

夜

MO	TU	WE	TH	FR	SA	SU
1	2	3	4	5	6	7
8	9	10	11	12	13	14
15	16	17	18	19	20	21
22	23	24	25	26	27	28
29	30	31	1	2	3	4

les jours ouvrables

営業日

MO	TU	WE	TH	FR	SA	SU
1	2	3	4	5	6	7
8	9	10	11	12	13	14
15	16	17	18	19	20	21
22	23	24	25	26	27	28
29	30	31	1	2	3	4

le week-end

週末

l'année
年

la pluie
雨
l'arc-en-ciel
虹
la neige
雪
le vent
風
le printemps
春
l'automne
秋
l'été
夏
l'hiver
冬

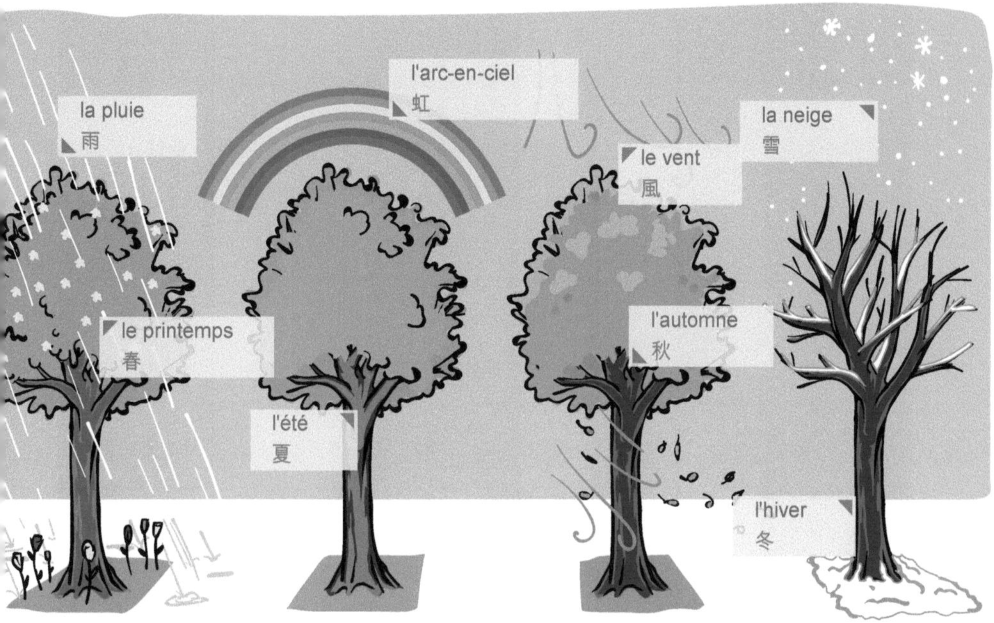

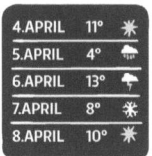

4.APRIL 11°
5.APRIL 4°
6.APRIL 13°
7.APRIL 8°
8.APRIL 10°

la météo

天気予報

F C
120 40
90 30
60 20
30 10
0 0
-30 -10
-20

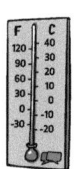

le thermomètre

温度計

la lumière du soleil

日差し

le nuage

雲

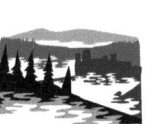

le brouillard

霧

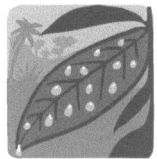

l'humidité

湿度

la foudre
雷

la tonnerre
雷

la tempête
嵐

la grêle
ひょう

la mousson
季節風

l'inondation
洪水

la glace
氷

janvier
1月

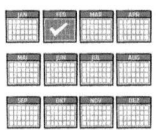

février
2月

mars
3月

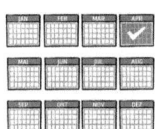

avril
4月

mai
5月

juin
6月

juillet
7月

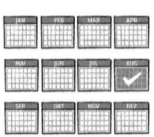

août
8月

septembre
9月

octobre
10月

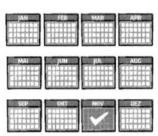

novembre
11月

décembre
12月

les formes
形

le cercle
円

le carré
正方形

le rectangle
長方形

le triangle
三角

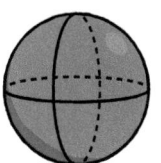

la sphère
球

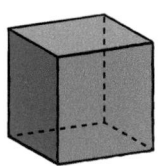

le cube
立方体

blanc

白

jaune

黄

orange

オレンジ

rose

ピンク

rouge

赤

violet

紫

bleu

青

vert

緑

marron

茶

gris

灰色

noir

黒

beaucoup / peu

多い / 少ない

fâché / calme

怒っている /
落ち着いている

joli / laid

美しい / 醜い

le début / la fin

初め / 終わり

grand / petit

大きい / 小さい

clair / obscure

明るい / 暗い

frère / soeur

兄弟 / 姉妹

propre / sale

清潔な / 汚い

complet / incomplet

完全な / 不完全な

le jour / la nuit

日中 / 夜

mort / vivant

死んだ / 生きている

large / étroit

幅広い / 狭い

comestible / incomestible
....
食べられる /
食べられない

méchant / gentil
....
悪意のある / 親切な

excité / ennuyé
....
興奮している /
退屈している

gros / mince
....
太った / 痩せた

le premier / le dernier
....
最初に / 最後に

l'ami / l'ennemi
....
友人 / 敵

plein / vide
....
いっぱいの / 空の

dur / souple
....
硬い / 柔らかい

lourd / léger
....
重い / 軽い

faim / soif
....
空腹 / 喉の渇き

malade / sain
....
病気の / 健康な

illégal / légal
....
違法な / 合法な

intelligent / stupide
....
賢い / 愚かな

gauche / droite
....
左に / 右に

proche / loin
....
近い / 遠い

nouveau / usé

新しい ／ 中古の

rien / quelque chose

何もない ／ 何かある

vieux / jeune

老いた ／ 若い

marche / arrêt

オン ／ オフ

ouvert / fermé

開いている ／
閉まっている

faible / fort

静かな ／ うるさい

riche / pauvre

裕福な ／ 貧乏な

correct / incorrect

正しい ／ 間違っている

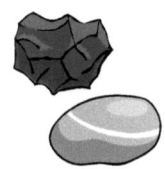

rugueux / lisse

粗い / なめらか

triste / heureux

悲しい ／ 幸せな

court / long

短い ／ 長い

lent / rapide

ゆっくり ／ 速い

mouillé / sec

濡れた ／ 乾いた

chaud / froid

温かい ／ 冷たい

la guerre / la paix

戦争 ／ 平和

0

zéro

ゼロ

1

un / une

1

2

deux

2

3

trois

3

4

quatre

4

5

cinq

5

6

six

6

7

sept

7

8

huit

8

9

neuf

9

10

dix

10

11

onze

11

12

douze

12

13

treize

13

14

quatorze

14

15

quinze

15

16

seize

16

17

dix-sept

17

18

dix-huit

18

19

dix-neuf

19

20

vingt

20

100

cent

100

1.000

mille

1000

1.000.000

le million

100万

l'anglais

英語

l'anglais américain

アメリカ英語

le chinois mandarin

中国標準語

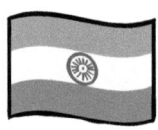

le hindi

ヒンディー語

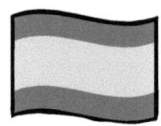

l'espagnol

スペイン語

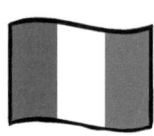

le français

フランス語

l'arabe

アラビア語

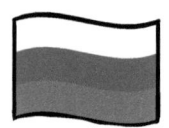

le russe

ロシア語

le portugais

ポルトガル語

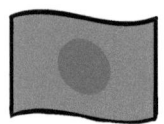

le bengali

ベンガル語

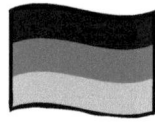

l'allemand

ドイツ語

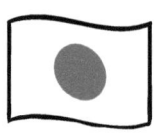

le japonais

日本語

je

私

tu

あなた

il / elle / ce, c', cela

彼 / 彼女 / それ

nous

私たち

vous

あなたたち

ils / elles

彼ら

Qui ?

誰 ?

Quoi ?

何 ?

Comment ?

どうやって ?

Où ?

どこ ?

Quand ?

いつ ?

le nom

名前

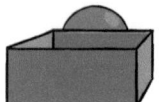

derrière

後ろ

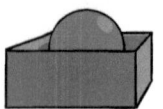

dans

中

devant

前

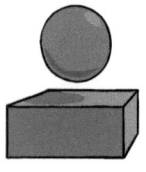

au-dessus

上

sur

上

en-dessous

下

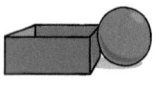

à côté de

横

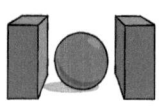

entre

間

le lieu

場所